신춘대길선비와 기생매화

지혜사랑 230

신춘대길선비와 기생매화

정도경

지혜

시인의 말

6·25는 나의 집을 모두 태웠다. 가난한 집이 되었다. 나는 고등학교만 졸업했다. 나는 실개천 밤 나무 그늘에서 설움을 메모했다. 그러나 다음해 육군에 입대했다. 제대후 농부의 길이 싫어 무작정 서울로 상경했다. 자취생활에 무직에 기막힌 아픈 생각과 빈곤의 바램을 메모하고 메모했다. 아리랑 잡지에 기고, 나의 습작시가 인쇄로 나왔다. 나의 생각과 감정을 메모하는 버릇이 되었다. 국가공무원에 응시, 합격, 안정된 생활이 되어 마음속 재로 쌓인 대학교에 입학-졸업했다.

울면서 메모하는 버릇은 습작시로 지면에 발표했다.

시인은 쉽게 등단되었다. 그리고 더 높은 꼭대기를 향하여, 아리고 애정을 갈구하는 나의 시는 명예문학 박사증도 취득했다. 나는 큰 소리로 울음을 토해 뱉었다. 이제 나는 잃어버림 웃음을 찾고 싶다. 나의 웃음의 시를 여생에 쓰고 싶다.

2020년 11월에

정도경(본명 정충영)

차례

2부 꽃의 계절

3부 시의 모인계절

• 일러두기
한 연이 첫 번째 행에서 시작될 때는 > 로 표시합니다.

1부

봄의 계절

신춘대길선비와 기생매화

쉬~쉬 신춘대길이시다
휘~휘 길을 열어라
말총갓을 쓴 선비
꽃무늬도포 입은 선비

매화당의 기생매화
신춘대표 브랜드 1위
믿음여론이 강해
버선발로 뛰어나왔다

맛이 달콤 쌉쌀했다
톡 쏘는 신맛도 일품이었다

기생패턴서비스 시너지효과
눈동자에 눈웃음 쳤다
입맞춤하는 입술 두 볼엔
립스틱자국무늬 빨갛게 붉어져
감탄이 절로 나오는 몸매
팔 활짝 벌려 햇빛인증 샷
몸매향이 품안에 쏙 들어 안겼다

황설리 꽃臘梅

예쁜 햇빛 넘나드는 설렘
창문을 삐~끔 열었다

노란미소 가득 물고
종종거린다
뛰어다닌다
어미닭 노란병아리 떼들

옹기종기 모였다
노란미소를 쪼다
은은 내~음들 튄~다

노란색 한 모금 물고
파란하늘 쳐다보고
노란색 한 모금 물고
파란하늘 쳐다보고

노랑노래 합창 소리경연장
노란병아리들 삐악~삐악
봄이 활짝~활짝 웃고 있다

봄볕과 홍매화

겨울 내내
봄볕은
홍매꽃눈 집 원룸에서 지냈다
생활력 강하고
따스하고 온화한 성격
홍매네 데릴사위가 되었다

꽃눈 방에서 신혼살림 차렸다
날마다 밤마다 빨간 하트놀이했다
눈웃음, 붉은 웃음 치다 서로는
색깔과 향기 어른스럽게 익숙해졌다

살결은 햇볕기름윤기 흐르고
배불러 오른 탱탱한 꽃망울임신
봄바람에 발버둥치는 아이 진통
대문열고 세상 밖으로 나왔다

꽃잎 팔다리 활짝~활짝 폈다
유전적 부부의 금술 좋은 관계
봄볕과 홍매화 긍정적 함박웃음
사람 벌 나비 초대 잔치 대성황이다

매화나무에 봄이 탄다

겨울동안 매섭게 눈보라쳤다
망치질, 끌질 통증 쓰리도록 했다
깔끔하고 매끈하게 다듬어진 몸맵시
차가운 돌 성격 보드라워지고
사람들 대하는 태도도 따스웠다

냇가 버들강아지 털 고르는 날
빨래 여인의 막힌 가랑이 들추어
치맛자락 너풀대는 바람흔적 보았다

젖가슴가리개 벗은 매화
보슬비 받아 세수한 아침
샛 머리카락 빗질했다
녹색 속눈썹 붙이고
붉은색립스틱 입술 발랐다

창밖 햇살 와서 눈짓 윙크하는 날
밝은 꽃무늬 원피스 입고
굽 높은 하이힐구두 신고
겨울동안 못 가본 햇볕 쪽으로 갔다

지하 찜질방에서 아지랑이불꽃 오르고
붉은 햇살 쏟아져 바람막이창이 타고 있다

검정 끈 풀린 봄

소나무들 허리 굽혔다 폈다
나뭇가지는 지렛대질했다
공간허공이 들썩들썩
구름바위 밑 묵은 해年 들췄다

초록 보자기싸개
검정 끈이 풀렸다

'나 잡아봐라'
수풀 뛰는 속 풀린 발자국소리들

눈망울에 숨어서
꽃망울에 숨어서

빨강, 노랑, 하얀, 옷 색깔 보였다
빨리 나와 잡아끄는
초록눈동자의 숨박질 놀이

춘심春心

은하수별빛이 말갛게 얼었다
구름창고 쌓아놓은 하늘청자기
쨍그렁~쨍그렁 깨지는 소리

겨울아, 겨울아
나는 눈雪솜이 필요하다
점볼까, 굿할까
기도를 할까, 합장배례할까

너의 무명 솜바지저고리 입고
너의 흰 무명두루마기도 입고

하늘청자기햇살 봄 도요지
흙 굽는 구름학습체험을 하고
하늘무늬색 청자기 굽는다

해맞이 떠오른 햇볕양지
소나무불꽃송진 냄새 진하다

햇빛다방

님이 나타나면
프로그램 DNA열정을 깨웠다

점점 더 예뻐졌다
아슬아슬하다
어깨 벗은 옷으로 등장했다

그렇게 님이 나타나면
뭔가 있다
자꾸 맘이 간다. 눈치 보여

점점 밝아졌다
곁눈질 질투모습
알콩달콩 모습이 보였다

차 마시면 좋겠다
언행일치–모두 함박웃음
사치미소 짓는 핑크빛 봄, 손님

봄 1

법정구속에서 풀렸다
유예기간이 만료되었다
얼굴빛 화사해졌다

자동차 면허정지 해제된 봄
재산 압류딱지 떼어진 봄
“나는 너에게, 너는 나에게”
개인 자유의사 소통이 원활해졌다

낮에는 황금빛 빛났다
밤에는 네온등불 찬란하다
네가 붉게 돌고, 내가 노랗게 돌아가는
카페로 드나드는 삶들
술병 속 깊숙이 잠기는 웃음소리들

울긋불긋한 세상 길거리 취해서
휘청휘청 대며 돌아가는 봄
노점에서 소망을 판다는 봄
서점에서 희망을 산다는 봄

봄 2

햇빛이 웃는다
바람이 웃는다

서로 물끄러미 바라보다
서로 부등켜안는다
입술이 얼얼타는 불꽃입맞춤
반짝 반짝이는 금빛눈길

눈 덮인 마음은 녹고
품에 오고 품에 간다
청초록 하늘은 신이 났다

겉으로 수맥 흐르는 소리
깊이로 샘물 솟구치는 소리

봄볕 분양복덕방

백색구름 먹구름 회색구름 자리한
바람이 술술 자유롭게 번지는
추위에 얼고 따듯한 온도에 잘 녹는
시베리아로 떠난 드넓은 빈 겨울 터

진입장벽 낮아서 제한 이점 좋은
자격규정 없이 누구나 구입 가능하고
뿌리청약종합저축통장 있으면
고화질색깔 소망 고를 수 있다

신청통장 가지고 높이와 넓이
전망 좋죠, 흔들림 운동하기 좋죠,
볕들 날 충족시키는 조망권 탁 트인
희망바람 필요한 동남향 입지도 있고

가로수 신록고속도로 유통편리한가
모든 이들 출퇴근 자유지역인가
진선미 미적관광 인프라도 좋은가

조각구름 모인 미분양 낮은 층
물안개 피어오르는
소액투자하고 임대료 받을 수 있는
수익형 꽃필지는 요즘 인기상한가죠

발아發芽

겨울전쟁은 눈보라총알 빗발쳤다
칼바람에 마음베어
몸서리치며 움츠러들고 떨었다

햇살과 햇빛과 햇볕의 주사를 맞았다
녹색하우스에서 푸른 꿈 싹 잎을 먹었다
참을성, 인내력, 평정심의 정신이 들었다

작은 공기틈새 숙성된 상태로 묵혔던
새로운 생명에게 하는 트임 신고식
내안 밖에서 일어나는 수작에 대처하는 일

무표정 심드렁해 목숨노리는 첩자비밀들
교육의 인성최고급과정 완벽이수로
미친놈 미친 짓이 먼 쪽으로 시선변경했다

삼악도三惡道를 면죄하는 문고리가 열려
늘 굶주림, 목마름, 괴로움의 저격을 잡았다
춘지령春地令 다그쳐 윽박질 호령에
야생마는 기대감꼭대기로 한껏 뛰어 올랐다
푸른 미소가 싱싱해져 요즘살맛이 났다

양지봄볕

돌담울타리 토담집
어린 시절 나는
작은 골방에서 지냈다

자갈돌 깔린 신작로길
책보자기에 싼 양은도시락
어깨 메고 뛰고 걸었다

양은도시락 빈속 숟가락
달그락 달그락대는 재촉에
배 허기진 한숨도 울었다

양은냄비 묵은김치수제비
뚝배기 된장도 끓여
보리밥 비빈 눈물한숨도 먹었다

편입학 대학시험에 1차로 합격
햇볕소통교육도 원활해져
관계망서비스 국가공무원근무
뜨거운 앞날의 햇살급여 받는다

봄꿈春夢

대화가 없다
잠자는 숨소리뿐 헛디디면
까만 절벽으로 떨어질 것 같은
잠자는 고독 방에 잠입했습니다

우리들의 만남 방 찾으신 것
하늘 반짝이는 내별 찾기
환영합니다. 사랑합니다

연푸른색 따습게 열린 채팅 방
마음속 "꿈 보기 원해요"
관심햇볕이 만든 빨강 빛 하트

새롭다~에 새로움이 뿌리내린
흙과 물과 햇빛과 이제는
겨울에 아파서 울었던 자부심
산다는 시간 속에 머물면서
내수시장 생산능력 높이고 싶네요

봄, 춤바람 났다

양지바른 멍석햇볕 이랑을
절단 나이프로 잘라 포크로 찍어 올렸다.

잊은 입맛 살리는 깡통뚜껑 따
계절풍통조림 맛나게 먹고
공기아파트엘리베이터 바람아지랑이 탔다.

신바람 하늘승차권으로
새마을호 바람기차를 갈아탔다.
나무초록빛 지붕개량역 '영혼 꽃단지'
개화시험장 진흥원사무실 들렀다.

축하용 가방 펴 음악상자 열고
보이지 않는 바람의 신 유행동작
신바람. 춤바람. 치맛바람. 시연회 열다
초록색미나리 아리한 손톱놀림에
옆구리 간질이다,
발바닥 간질이다,
녹색빛깔들의 봄바람꽃춤을 추었다.

봄날의 유배

남몰래 누리고픈 본성
만방에 알려야 하는 에디터의 숙명

웅얼거리는 이야기가 긴장된 곳
쫑긋 세운 귀로 엿듣는 말
항아리 안 관세음보살의 합장
고운 것들이 조용하게 모였다

초현실적인 평화로움 속에
영원히 고여 있는 삶
보낸 자의 어디 닿는데 없어
금빛햇살너머 외롭던 숲 정
강 건너 초록 꿈 나루길

자연 그대로의 모습이 노래 부르다
나 살아있다 느낌주는 곳
섹시 레이스sexy lace 꿈꾸는
제비꽃 봄을 찾는 곳 –

소양강 춘풍

궁둥이 살랑살랑 흔드는
살 고운 여인

간지럼으로 마음 유혹하는
젖가슴 쓰다듬는 손 애무

한껏 로맨틱해지는 느낌
속살 파고들다
닭살이 돋은 피부

푸릇푸릇 줄기는 발기 오르고
젖꼭지 볼록 붉히는 꽃봉오리색깔

목 지긋이 햇살 밖 내밀어
임 오시나 기웃기웃대고 있다

색풍色風

여인의 치맛자락 들추어
품 파고들다
버들강아지 솜털 만지고
버들냄새
양 음지 산숲으로 풍긴다.

손잡아 춘희의 춤추며
몸 비비는 나뭇가지들

충혈된 눈동자
발기된 통통 젖망울

양 음지마다
궁둥이 열어 젖치고
비릿한 생리 쏟는다.

입김방울 사랑

임과 입맞춤으로
휴~ 뿜어 만든
뽀얀 입김방울

둘의 따듯한 숨소리도
끌어안고 포개져서
동그랗게 부풀린 사랑

오색 빛 나비인가
하늘 오르고 내리고

빙빙 돌다 내 어깨 내렸다
임 가슴 앉아 머물다 사라졌다

없어진 자리엔 남았다
옷깃적신 작은 흔적물기

저녁바다

파도치는 진통
하루 종일 겪다
흰 이빨 꽉 물고
거센 힘을 주었다

붉은 피 쏟는
발가벗은 바다

주르르 쏴아
주르르 쏴아
몽돌을 씻는다

붉은 게 한 마리
해변으로 밀려나와
발버둥 친다

봄 부엌

부엌 창 열고
햇빛택배를 받았다
붉은 눈이 싱싱한 아침빛

후라이펜에 넣고 튀긴다
지글~지글
진한홍색 익는 햇살가루들

냉각얼음 농축시킨 커피
열량 풍부한 라떼 햇빛
마음갈증 푸는 햇살덩어리

신선공기로 닦은 청자 컵에 넣고
고루고루 저어 마셨다
아내얼굴에 홍매화가 활짝 폈다

초봄

안녕하십니까?
어서 오십시오
이쪽통로입니다

여느 사람과 다를 바 없이
따듯한 사람과의 만남
햇볕이 환하게 겸손하다

마음이 따듯한 빛이다
사람을 이해하고 있다
갓과 신발 나란히 벗어놓고

무엇 때문에 사는지를
포기하지 않는다
새 길로 매일매일 걷는 나

2부

꽃의 계절

춘풍매화

길쭉한 날개
해맑은 눈동자
기름 바른 제비몸매

연초록색 옷 입고
매화 당 뜰 찾아와
색깔 색 봄 말하는 춘풍

빨갛게 윤기 오르는 살결
앗 뜨거~앗 뜨거
속옷 갈아입는 매화

옆구리 간질이다
발바닥 간질이다
속마음 간질이다

맨살 드러낸 임의 꽃말
색깔 색 말 냄새에
꽃잎치마 펼쳐 호들갑떠는

기생의 색
기생의 피
기생의 넋

봄바람과 백목련 꽃

연 하얀 꽃봉오리 슬쩍 벌려
쪼그려 앉은
소녀의 가랑이를 파고들다

아유, 아유~시원해라
아고, 아고~간지러워라

바람풍선 띄우는 젖가슴꼭지
옷고름매듭 스르르 풀리고
다리 배배꼬아 손사래 치는 몸

나이찬 뱃속에 역사는 들어 있다
묘하게 끌리는 솔직함
마음이 간질간질 뒤숭숭하다

모진 겨울 말言들은 와르르 쏟아져
깨끗이 쓸어 홀로 떠안고
목련꽃 하얀 대문 활짝 열고
암행어사 봄바람햇빛타고 웃으며 간다

봄꽃들의 로맨스 1

생물학적 본능충족
자주 생각나서
겨울 옷 벗고 나와
속살이 다 보였다

색깔, 향기, 몸맵시에
춘풍이 와락 끌어안고
색동저고리 옷고름 풀었다

믿음이 있어요
관심이 좋아요
비구름베개 고이고 한동안
청수빗물로 몸 씻었다

낮에는 햇빛, 밤에는 달빛
영롱한 봄 찧는
물레방아는 돌아갔다

봄꽃들의 로맨스 2

마음담은 목소리와 말言
심성능력 곱게 제쳐
치마 바람이 너무 부드럽다

나의 안 그대 오 마이 걸
잊지 못할 순간
젖가슴 쩍 벌린 꽃잎

봄맛이 향기롭고 따습다
모가 나지 않아
모양이 둥글둥글하다

너를 찔리지 않고
너를 생채기 내지 않고
너를 피내지 않고

안아주는 품 매끄러워
기분이 좋아졌다
두 볼이 새빨개졌다

야생화

들킬지도 모른다는 조바심 안달 치는
훔쳐보기, 엿보기의 즐거움이
사랑 마피아에게 얻어맞아
남 배려할 마음 흔드는 현실 숲속

시커먼 피부 빨간 피 냄새
뾰족한 이빨 갈고리 손톱
독특한 개성의 캐릭터로
눈길 끌 수 있는 매력 파는 웃음을
사람들 스타성호기심 모아 들이는
홀 삶을 개척해 나가야 할 나 자신

게으름 빠지지 않게 자명종 맞춰
위로, 용기, 자유, 진심추구의 행복
명 기녀 혈통색깔 향을 뽐내는 꽃
나를 잃지 않으면 되는 것이 나였다

풀꽃

날씨 성격이 변덕쟁이인가
뽐 샘 바람 쌀쌀 공격 피해서
손과 다리 뒤틀고
몸 옆으로 뉘였어라

항상 구름모자 즐겨 쓰는 장군봉오리
병풍사방 둘러친 아래 산 봉오리들
구름옷 입었다 – 벗었다

자신의 키 낮추고
생명 살아남기 위해
들 평야서도 낮은 자세 취하다

머리채 쥐고 흔들어도
핏물 붉도록 뺨 맞아도
입술 트도록 입맞춤 해주는

그것이 난 진실이란 걸 알아
뽐 샘 바람 밉지도 않아 무섭지 않아
꽃 웃음 치며 봄바람 즐겨라

들국화 2

얼굴 붉어져 부르는 소리
얼굴 노래져 부르는 소리
얼굴 하얘져 부르는 소리

임 모습 저기 보이기에
몸 굽혀 흔들었다
마주친 눈길도 피하기에
꽃잎치마 활짝 펼쳐본다
그냥 지나치기에
짙은 향기도 풍겨본다

공간이 훤히 뚫려만 갔다
사이가 멀어져만 갔다
꽃잎 낙엽 떨어지는 날
혼자 밤새움 기다리다
혼자 밤새워 흐느껴 울다
새벽하늘 된서리 매
주눅녹초 되도록 맞았다

엉겅퀴 꽃

임 생각 날 때면
그리움 터트려 꽃향기 풍겼다

임 품안 그리울 때면
돌덩이 찬 베개를 베었다

풀숲 난무한 바람속삭임 소리들
뾰족 가시 꺼내 지르고 찌르고

비바람 회유하며 몸 흔들 때면
순결 힘주고 정조대단추 채운다

달콤한 꽃술 소곳이 간직하고
임 오기만 손 모아 기다린다

백합꽃 1

현실적 어려움에 처해 있다는 것 잘 알아
낯설고 서툰 첫 생리변화에 혼자 고민하다

얼굴에 빛이 나는 밝은 표현 찾고파서
우수에 찬 눈빛 간절히 살리고 싶어서
화훼농장 바람데이트 현장을 공개했다

격렬하게 포옹하는 꽃냄새가 좋아서
향 좋은 하늘향수 빗물목욕을 하고서
청결하고 곱기로 유명한 백합꽃이 되었다

별다른 공식입장 밝히지 않는 침묵으로
서로를 향한 사랑과 믿음을 바탕 삼은 인연
대중의 관심 집중되는 향기의 꽃이 되었다

백합꽃 2

눈길 서로 잡으니
말소리 절로 나왔다
사랑해~사랑해

창의력과 능력의 색깔
이렇듯 남다른 아이디어
우리 모두 볼 듯이 봤다

내가 속옷을 입었나
착각이 들 정도로
쿨 아이스 백색살결

강력하게 빨아들이는
사람들 이목을 끈
흡인력 강한 마음청소기

의도가 숨어있지 않은 향기
사람들 공간을 채우려하고
스피커소리로 사랑 전한다

빨강무늬 꽃

임 생각 부쩍 떠올랐다
온몸이 돌며 쑤신다
신경 곤두세운 머리칼
한 움큼, 한 움큼, 빠진다

안달조바심 난 꽃바람 결에
열 뜨거워진 햇볕 사랑고백
꽃나무가지 끌어안고
뜨겁게 눈동자 입맞춤한다

줄기마다 생기 솟는 눈동자
임 그리움도 낮 뜨겁게 달아
두 배로 돌아온 입맛
먹고 싶은 것 많아졌다

뱃속의 태동 자유롭게 움직여
내심의 빨간 빛깔 진해지고
강한 정열의 꽃나무육체사랑
여자향기냄새가 풀풀 난다

꽃망울

영롱한 끈 영혼 묶어
옆구릴 간질이다
발바닥 간질이다
어느 틈에 생기生氣 깨운다

청색물방울 부푼 소망 꿈을
얼음두께 깨고
작은 지구地球 터트리고
연미나리 파란 순 밖으로 내어

버들, 싸리~숲 속
온종일은 종달새노래
온종일은 호랑나비춤
신비 자욱 깔린 세상 뛰놀다

비 갠 하늘 칠색무지개 뜬 공간
기다림 겹겹 포개두었던 꽃빛깔
으쓱 날개 푸득여 오르리라

매화

벚꽃을 닮았으나 야단스럽지 않다
배꽃과 사촌간이어도 청승스럽지 않다
크지 않은 키, 굳게 다문 입술
"참 실하다" 떠올리도록 자기 몫 다 한다
붉은색, 하얀색, 분홍빛 옷 입고
봄이 찾아 왔노라고 귓가에 속삭이는 말
거절할 수 없는 초대약속을 나는 받았다
모진 바람과 외로운 시간 견디어 낸
한복 치맛자락이 끌릴까
한 걸음 한 걸음 떼어놓는 소녀모습
담백하고 소박한 웃음 웃는
많이 보아도 질리지 않는
신기하게 묘한 매력인 나의 꽃이다

붉은 진달래꽃

광란의 화산불꽃이 폭발한다
분진으로 터트리는 뜨거운 열기
못다 한 울컥거림이 서러워지는
억압과 압박이 덮어 있는 땅속
용암이 목석 태우는 불타는 사랑

땅 속 임의 함성 소리인가
땅 속 임의 피눈물 통곡인가

"나도 불타는 사랑하고 싶다"
하늘 감동시키려는 외침소린가

가신임 웃음이 꽃잎 속에 들리고
가신임 마음이 꽃 색깔에 물들고
가신임 사랑이 꽃술향기로 풍기고
가신임 얼굴이 꽃잎겹겹 엿보인다

꽃씨

부모에게 물려받은 피
나 예쁘다는 말 좋아
칭찬욕심도 많이 지녔다

독창성추구–배경지식초점
유전 포인트 컬러의 지식기반
명품모방 꼬집는 아픔
당당함과 남다른 패션 감각

막강한 인맥자랑
큰 키와 늘씬한 몸매
당당함과 뚜렷한 개성지킴이
협업 없는 냄새두려움을

자기 것 확실 끝까지 풍겨
상상초월 향 에너지 저장했다

바람꽃 1

깔끔한 옷맵시
유행의 멋진 옷차림
바람 부추기는 초록색
궁둥이 흔드는 꽃가지

달밤 지새는 춤
입맞춤도 얼얼해
맨 옷고름매듭 풀리고

흰 명주치마 활짝 폈다
꽃분 짙은 향기
임의 사랑인가
빨간 속살속내 드러냈다

바람꽃 2

따스한 날에
풀숲에서 옷을 벗습니다.

겉옷을 벗고
꽃가지 흔들며
흘깃 주위도 살핍니다.

살그미 미소 짓고
볼 빨갛게
속옷마저 홀랑 벗습니다.

통통 드러난 젖가슴
소녀 같은
마음잡는 우유 빛 살결

순간 숨어드는 골 샛바람
와락 끌어안다
입맞춤만하고 홀쩍 가버립니다

멍하니 넋 잃고 한동안
하늘 낮달만 쳐다보다
아니야, 이건 아니야
고개 푹 떨구는 바람꽃 둘

흰색 바람꽃

거짓말과 괴롭히는 행동에
가치와 희망도 모두 잃었다
정신과 치료를 받아야 했다

내 손과 친구 손 모두 모여
입춘대길 대문을 열었다

꼭대기바람은 차갑고 냉정했다
아래햇볕은 보드랍고 따듯했다

감정의 책임과 삶 의욕 주는
관심과 애정이 필요했다
적극적인 흰색속내 드러냈다

죽는 고통 속에 살아야 했던
압박감 벗은 환상적인 모습
나의 웃음은 봄의 에너지다

꽃바람과 꽃 왈츠 춤

봄기운 가득 들었다
무심無心이 말랑말랑해졌다

몽글몽글한 설렘이 더워서
부끄럼 옷을 활짝 벗었다

너와는 묘해. 내 마음
달콤한 비밀이 숨어들었다

사춘기 볼이 빨개졌다
꽃바람과 꽃 왈츠 춤을

진정이 필요한 시간
설레임은 네 편이야

벌 나비 님 향내 그리움이
아주~아주 진하게 칭찬했다

홍매화

옛 기와지붕고택
방안 화롯불 쬐고 살다
하늘낮달 조각배 타고
솜털버들강아지 데리고
돌다리건너 앞개여울
볕 나들이 나왔다

겉치마 훌렁 벗어젖혔다
당당하게 면접 보는 자태
명기녀의 미소 사랑스럽다

젖무덤비치는 속살빛깔
달콤한 솜사탕 먹는
훔치고 싶은 붉은 입술
존재감빛 내린 내 여인이다

봄꽃 화산

화산이 폭발한다
등성이마다 골짝이마다
꽃불이 번져 활활 탄다.

꽃가루 잎 터트리는 봉우리 불
가신 임 무덤가엔 진달래 불꽃.
“시루골” 동백나무엔 “점순이”
마음 태우는 알싸한 냄새불꽃.

우울하고 피로하고 답답한 침묵
참기 힘든 지각변동에서
화산대 녹이는 뜨거운 용암액체.

안쪽을 뒤집어 밖으로 보니 곱다
색 갈망하는 광기 불 꽃술
분화구흔적 뿌리마다 불 뿜고 있다.

꽃들이 쏟아놓는 꽃말

닫힌 문을 열어 방안의 어두워진 시간을 치웠다
청바지 작크를 조금 벗어 꽃말을 털어 놓습니다
움츠러드는 기억과 손 스칠 때 움츠리던 고통
"그냥 눈물부터 납니다."
올해 대학 졸업한 딸아이와는 비밀이 없어
"엄마" 아픈 거 싫다
나는 키득키득 웃기 시작했고
사랑이 뜨거워 물오른 얼굴표정이 새빨갛게 불거졌다
쌍꺼풀 수술한 관능적인 눈빛이 매력의 절정을 보였다
봄을 그리워한 남심은 쿵쾅쿵쾅 섹시미 찬사를 했고
더 밝게 웃는 게 "감탄 나오는 몸매 때문이다" 생각했고
어린 나이엔 누구에게 말 못한다
힘들었던 아픈 일 세월을 디디며 커갈 때
모든 것이 고통스러워서 도망치고 싶었던 기억
옹이세월 지나도 잊어지지 않아
모른 체 등돌려버린 찬바람의 기억은 너무 불공평했다
내가 배려하고 내 잘못으로 보는 건 옳지 않다고
나는 함박 웃으며 미담을 말한다
"난 너들 같은 인간이 아니야"
꽃들이 쏟아놓는 꽃말엔 입 냄새가 나지 않았다

꽃

집안내력이 주는 편안함
치열한 노력일성을 통해
한국어와 한국문화 익히고 이해해
톱스타신드롬 매력이 중요한 요소
다양한 사회적 배려심 드러냈다

마음 깊숙이 파고들은 색의 매력
광고계가 가장 먼저 알아봐
방송가와 연예계 가는 곳곳
그 둘러싼 이야기 흘러나오고
내부에서 나오는 말 모두 칭찬일색

뒤에는 배려심 깊은 이야기
말 본색 행동거지
허탕 끼로 배꼽 잡다
울컥한 감동 전하며
대중들의 마음 기분 쥐락펴락하는
사람들 웃음 자아내는 인간미 수북하다

웃음꽃

나를 외면하지 말아요.
그대 눈길 한번 주세요.
임의 말이 생각나서
마음화분에 웃음씨앗 심었습니다.

희망관심 안에 두고
날마다 목말라 할 때 물 주었습니다.
초록색 이파리 세상 밖으로 나와
줄기감성지수 쑥쑥 끌어 올린 꽃대.

붉은 입술 빨간 정다움 통통 물고
얼굴 가득 미소 짓는 표정
그대와 나 눈길 줄 때마다
살짝살짝 웃는 윙크꽃봉오리.

다정한 목소리로 이름 불러줄 때
둥글고 널따랗게 기지개꽃잎 펴
마음 중심에 맺는 꽃술머리 몸짓
웃음행복향기 함박뿌립니다.

란蘭

푸르른 깃 소매
홀 축 늘어뜨렸구나

꽃대 목 지팡이
짚으신 옛 선비의 넋

주인님 진 마름걸레 보살핌
저리도 깔끔한 풍채의 몸

말 못할 그리움
마음의 푸름 빛 담아

꽃 머리 까만 눈동자
곁은 분홍꽃 저고리

얼굴도 참 고와라 향도 좋은
속내 꽃 여인 폭 숨겼어라

빨간 코스모스 꽃

마음속 솟는 차가운 샘물
한 표주박 떠
빨간 꽃잎 하나 따 사랑메모 띄우고

눈썹 초승달이 빌은 그리움
눈물이슬 방울방울 맺어
문밖 마중 나가 님 오시나
발 동동 저리며 서서

한들한들 몸 손 흔들어
험한 여정 길
오늘도 무사히 오소서요, 오소서요

액厄땜

넓은 하얀 메밀꽃밭 가장자리
핀 몇 그루 새빨간 양귀비꽃

웃자란 목 쭉 빼고 요염한 허리
넓적 궁둥이바람 한들~한들

벌도, 나비도, 바람도, 사람도
귀비의 유혹구경에 넋 잃었다

굴러온 돌이 자리 뺏고 앉아
박힌 돌 빼려는 주인행세라

하얀 달빛 하얀 메밀꽃이 뿌린
향냄새꽃소금 하얀 맛이 짜다

꽃의 웃음

살면서 우는 날 많아
나의 몸짓은
그렇게 많이 구박받았다

아름다운 몸 피부에
까만 피멍
점점이 박혔다

움츠린 가슴속도
허공 가득 채워져
세상사는 낙樂도 없다

기분 전환법
그런 몸짓을
익히고 정성들여 포개고

너의 정겨운 부름에
꽃의 웃음
입 활짝 크게 벌렸다

빨간 앵두

감성이 접목하게 만든
성적인 이해관계 떠나
덕성영역에서 생긴 문제

눈코성형 안면윤곽수술
한 듯 안한 듯 자연스러움
예쁨이 드러나는 미모
할 수 있다 방법을 찾았다

맑고 순수한 소녀눈동자
저쪽 팬들에게도
이쪽 팬들에게도
지혜롭게 눈 호강시켰다

못생겼다 부문 삭제요망했다
시샘바람 "그래" 기능처리했다

나의 가치 알아줘 고맙다
새콤달콤한 빨강 색깔가치
앞가슴마음 매듭 풀어헤쳐
젖꼭지는 바람풍선 불었다

화예花蕊

신기神技로 달라지는 모습
사랑을 기원하는 모습

아찔하고도 찡한 미움
채팅을 하자는 소녀

밖을 잠근 옷고름 풀어
겉옷 열어 젖혔다

아름다움이 무조건 엄지 척
때 묻지 않은 해맑은 색色

두 눈에서 꿀이 뚝뚝
진한 빨강꽃잎 활짝 폈다

몸 냄새에 매수되기 좋은
나의 팔랑팔랑 희망 끼

꽃과 나비

슬픔을 남기는 것이 아니요
생生은
기쁨을 남기는 것이요

나의 색깔 짙어지면서
마음의 온도 높아졌다

"나 여기 있소" 꽃 기척 주고파
레몬향 꽃마음 활짝 펼쳤다

나비갈증에 찾는 소식 전했다
꽃과 나비는 한몸이 되었다

봄바람 꽃春風花 1

치마폭에 봄바람 들어와
엉덩이 살랑대는 밀담

꽃이어라
예뻐지어라

색동초롱불 켜고
눈망울에 박히는 샛별

벌 나비 혼을 뺏는
잡힌 운명 DNA봉인해제

별짓마라
남다르니

기생의 말
기생의 피
기생의 넋

봄바람 꽃春風花 2

벅찬 가슴 숨을 멎고
나의 입술 끌어들이는
너는 입맞춤쟁이다

못 찾을까 향기 뿜고
빨갛게 얼굴 붉히는
활짝 팔 벌려 끌어안았다

보는 즐거움
향기의 즐거움
교감의 즐거움

달래다 흔들다 태질하는 춘풍
네 안에 내가 들어갔다
내 안에 네가 들어왔다

놓았다 잡아당겼다
잡아당겼다 놓았다
기분 좋은 인연을 맺었다

3부

시의 모인계절

청죽青竹선비

햇빛과 어머니는 종일 식량食糧을 만들었다
자식들 배부르게 먹여 우후죽순 성장시켰다

속불꽃에 모인 쓰레기 다 태운선비
보름달 밤 속마음 깨끗이 비워놓고
홀로 시詩지어 넣고 피리 불었다

샛별 본 대나무 눈빛 맑아
일생에 딱 한번 꽃피웠다
일생에 딱 한번 열매 맺었다

선비의 윤기
선비의 색깔
선비의 빈 마음

선비병풍 집에서 살며
죽백지시화작竹帛之詩畵作한다

선산先山솔바람소리

부모 품에 와 잠들라 하시는
속 기억 목소리
따끔~따끔 일깨우는 솔바람소리

하늘 닿게 두 손 뻗어 합장배례면
부모 웃는 관심에 내가 들어있어
허락 없이는 나의 행복 빼서가지 못해
멀리 흩어가는 원도 한도 불러 잡았다

문빗장 항상 열어 두옵고
햇빛도 잘 통하게 하옵고
바람을 시원히 통해드리옵고

남보란 듯 악착같이 살라하신 어록
혼자서도 나를 지킬 수 있는
세상에 제일귀한 생전 나의 모습대로

어두운 밤 외로운 근심 깨끗이 치우고
부모 편안한 잠 베개 고여 드려
가족혈통 잘 통하게 영원永遠 묻으리

달팽이의 꿈

강변에 찰랑거리며 소리 내는 하얀 물살거품.

세상 안 어느 곳에 나의 행복 말 해주는 이
있다~다 해서 마음 못 잊는 그리움을
꼭 하나 솔직히 말하려 했다.

무얼 기다리는 왕 눈알에
돌밑 어두운 밤 지새움 등불 켜놓고
둥근달 지키는 꿈 천사에게
나의 소망소식 있는 곳을 물었다.

아무도 몰랐다.
누구도 대답 없었다.

조용한 침묵으로 물 흐르는 소양강 수심파문
갈대바람은 고개 흔들었다.
모든 이들은 처음 듣는 일이라고 했다.
모든 이들은 처음 아는 일이라고 했다.

낙엽 1

우리는 이제 멀리 떠나가야 할 사람
악수를 풀고 등 바라보며 이별을 해야죠

서리 찬 바람이 가지 흔들어 재촉하는데
빨간 능금에 우리들 사랑 표적으로 하나 남기고
빈 가지 한 바퀴 돌며 그대와 나는 헤어져야죠

소리~소리
목 메이는 숱한 갈잎소리

슬픈 울음일랑 그만 울고 이제 빨리 떠나가야죠
마지막 이 순간 못 잊어 떠나지 못하는 나의 사람아

낙엽 2

너 서릿발 세우는 행동
나 찬 서리 내리는 말
하얗게 눈 흘기는 가을

피멍 속으로 들어들어
감정이 서로 북 받쳤다
얼굴이 풀락 풀 붉어졌다

몸짓 욱신대는 온몸
가슴 가려움 쥐어뜯는
생채기내는 번지던 사랑

오가던 정이 끊겼다
매듭이 풀렸다
서로는 등 돌렸다

임아~임아 외쳤다
몸부림치며 울었다
뼈대만 남은 샷 가지

낙엽 3

끌어안고 처절하게 살다
내려놓을 때가 왔다
내려놓고 있다

영혼까지 다 털었다

아플라 독신獨身

신발 속 모래알갱이도 다 털었다

삿 가지 매달린 늦가을풍경

풀줄기에 나무줄기에
잎들이 이별했다
애가 탄 빛깔도
빨갛게 타버렸다

찬바람무서리 내림에
몸무게 지탱하던
늦가을도 야위었다

높이 들어 올린 하늘이 파랗다
허공을 깨끗이 맑게
계절 때 빨아 널은 하얀 구름

파란 빛깔의 하늘 꿈
빨간 빛깔 속사랑 꿈
잊음들로 먹구름빗물 씻겨가

예쁜 소리 울부짖는 가을소리
삿 가지 얼기설기 세워놓아
창문 닫은 문풍지를 울렸다

억새풀 1

바람 세차다
출렁 출렁 잎

허리 굽혀 누울까하다
다시 일어나

고통의 아픈 인내
이것쯤이야

지하 깊이 묻어 두었다
삶의 숨뿌리

씽~씽
휘~휘

칼바람 모진겨울
휘파람만 불고 있다

억새풀 2

산바람이 주먹질 한다
강바람이 발길질 한다

쓰러질 듯 휘청이다
참다 넘어질 듯하다

허리 굽혔다
몸 낮추었다

“악착같이 견디어서
보란 듯이 살아라”

생각났다 아버지말씀
귀담았다 어머니말씀

억새풀 3

무뚝뚝 참는 나의 모습에
횡포 권력분노 표출하는 너

거만, 얏 잡아, 건드렁 건드렁
독할 때는 독해지는 생生

강한 리더는 횡포에 굴하지 않았다
세간호평 쏟아 곧은 줄기 세웠다

성장위기 탈출시키는 나
최강존재감 탁월능력 즐겨 찾았다

가짠지 진짠지 될 놈인지 아닌지
새파랗게 젊어져 강 섹시해졌다

억새풀 4

카리스마 눈빛
딱딱한 돌 심장

피해주는 행동의 상위계층
위법행동 있는지 공감관찰탁월

스트레스의 긴장된 사회계층
너의 표정 드러나는 감정

측은지심을 더 잘 느꼈다
타인의 힘들음 잘 헤아렸다

풍진세상 넘어지지 아 느리다
험진세상 쓰러지지 아 느리다

그리움

엷은 결 들추어
조금은 모양 보이다

발갛게 벅차오른 가슴
마음 속 숨겨
봉오리 올린 간절한 소망

수평선 멀리 기다림 가물대는
하얀 구름 낮달 포갠 조용한 하늘
파란 공간 돛 올리는 눈알 맑은 사랑

안으로 반쯤 보일 듯 눈 비비고
못 잊는 환상의 깊이로 자욱 감추는
실오리 같은 마지막 그늘꼬리

빨간 산딸기

숲속에
숲속에
뿌리내리고

칡넝쿨 엉겅퀴 줄 감는 참견 싫어
줄기마다 가시 돋아
나의 마음 간직하네

지나는 바람 들바람
잎 들추어 흔들어도
속으로 통통
나의 사랑 알알이 다짐하네

별님과 달님과
속삭인 지새움 소망을
햇볕종일 쪼이며 익혀
나의 빨개진 몸
임 오시면 마음껏 자랑하리

그리운 눈망울 소곳이 뜨고
새콤달콤한 맛 소양강
아침 이슬 물차 권해드리리

뒤란장독대

사랑 임 여의옵고
수심에 잠겼다
윽박질린 검은 빛 그리움

낮빛 웃음가면 쓰고
어둠속 숨어
고양이 눈총 쏘는 눈동자

나랑 아내와 같이
아내와 나랑 같이
메주 띄운 고향기억 담아
숙성시키는 질항아리 장독대

저녁밥 짓는 햇살
해묵은 간장 한 사발 떠내고
초록빛깔 별 하나 따 넣고
질항아리 뚜껑 덮었다

지극정성 소금저린 이야기 배어나
배불러진 질항아리
짭짤하게 우려낸 고향의 진한 맛

삼마치리三馬峙里

우물물 한 동이 부엌 길어다 놓고
나 얼굴 쳐다보며 웃던
농사일 시달리는 산골 어머니였다.

산골짝 하늘을 훑고
지나가는 갈퀴바람 밑에
납작 웅크려 엎드린 초가집이었다.

구린 냄새 세간 찌든 냄새
쓴 한약 대리는 골방이었다.
한 평 고요 속 낙엽 쓸리는 소리
홀로 애간장 쓸어내는 소리였다.

으스스하게 몸살 앓는 어둠
늑대 눈깔이 겨누는 두메나 산골.

세 마리 말이 고개를 넘었다
구전이 전하는 마을
국도5호선 4차선도로 배꼽 뚫었다.

살아서 객지 나갔다
죽어서 고향 들어오는 나의 영혼
조상들 영원히 머무는 묘에 묻혔다.

가을과 겨울사이 가랑이풍경

온기와 냉기로 바람피우는 난봉쟁이
나무 풀들을 울긋불긋 스킨쉽 한다
반쯤은 옷을 벗기고 희롱을 한다
몸을 뒤틀며 흔들며 잉잉 울어도
더욱 세게 차갑게 끌어안는 찬바람

옷깃을 찢뜨리다
옷조각이 낙엽으로 떨어진다
땅심과 내심을 길러온 지난세월
피부껍질 겹겹 싸놓은 나이테지혜
해마다 바꿔어 입는 비밀번호 속옷

폭력희롱으로는 속옷 벗길 수 없다
샂 가지로 몸서리치는 비명풍문소리
사람들을 모아 도덕관념 울부짖지만
멋지다, 아름답다, 사진만 쿡쿡
너와나 사이 공포恐怖만 쏘고 있다

바짝 추워지는 성 추문바람 거센 계절
건강한 몸 나의 속마음언어는
밖으로 나와 꽃눈에 겹옷을 입힌다

울화鬱火

수천 번 담벼락 넘어 춥고 배고프던 시절
시원히 이야기 않고 무엇을 숨기나
속이 까맣게 타들어가는 느낌 다 느꼈다
즐겁게 생활하던 평상시 속마저 타 들어
아픈 배는 불타는 불꽃이 훤하게 보였다

바람 세력과 마음 세력이 서로충돌
외부세력과 내부세력이 서로 흔들어
심줄 묶음이 풀어지며 틈 사이 벌어졌다
힘 맨틀마그마로 솟구치는 불꽃

단단히 굳은 돌맹이와 마음빠진 진흙복판
화염에 불타는 뜨거운 용암물질들
도저히 참을 수 없는 아픔 녹인 이물질들
가슴으로 솟아 식도 밖으로 솟구쳤다

몸 소중함의 좋은 영향 나에게 끼치지 못해
부글부글 끓는 역한 냄새와 더러운 가스들
뻘건 용암혈로 울컥울컥 흘러내렸다
오늘날씨는 잔뜩 흐려 찌푸렸는데
가스냄새 씻을 하늘 비 내릴 기미가 없다

사랑나물 묻히기

바보 모르는 멍청이로 알았는데
사랑 잘 무친다는 우리 집 딸
양념색깔 물들게 껍데기 홀랑 벗깁니다.

뻣뻣하고 딱딱하게 굳은 심줄고갱이
숨 못 죽이는 푸른 생기
속 아려 톡톡 쏘는 쓴맛을 푹 울깁니다.

황금빛 귤물 소스 곁들이고
어머니손끝 촉촉한 열기에다
고소한 깨소금기름 넣어 잘 주무릅니다.

뜨거운 물 과감히 부은 밤 애정
열정이 미지근한 사랑에다
손놀림 조물 조물로 감칠맛도 냅니다.

맹물 싱겁게 말아먹으려던 걱정
맵고 짠 우리 가족살이 즐거움이
물밴 나물향기로 사랑 맛납니다.

야생 꽃바람의 사랑

야생 푸른 숲 헤집는 바람
꽃 그녀가 여자로 보였나
다가와 야들한 입술을 빨다
몸 전율을 주는 시원한 느낌
잎 떨림 주고 줄기 부볐다

속삭이는 말로 기분 어때
속삭이는 말로 기분 어때

숨소리 가쁘게 바람 불어대고
한참동안 기대 부풀리고
함박웃음 가득가득 넣고
야생 푸른 숲을 헤집는 바람

쌀쌀맞고 모진 겨울 춥던 언어들
설레면서 심장에서 옹알이하다
핏속 아름다운 사랑이야기로 흘러
임 마음 당기는 꽃냄새 풍겼다

빨간 사과

흰 가운 벗어 창문 걸쳐놓고
꽃 머리 벌 분가루 묻혀
퍼렇게 궁둥이 맞고 난 아이
초록이파리 포대기 깔아 뉘여
이리저리 엎치락뒤치락
쓰적쓰적 보채어 울적마다

동아줄 햇빛꼭지 물렸다
봄여름 빗물 젖 먹었다
봄여름 줄기 돌봄 자랐다

하늘향기 맛 흠뻑 머금은 채
지구 아삭 즙 담은 속마음
포동포동 금빛햇살 살쪘다
멋스럽고 카리스마 있는 모습
자기단맛 강하게 어필하는
빨간 원피스 입은 순수한 소녀

평창의 눈雪

태백산맥과 차령산맥의 분기점
산 장군바위가 하얀 눈 솜옷 입는 날

늦겨울날씨가 비상문 통해서
2018년 동계올림픽 특화 기상지원
대관령풍차로 눈송이게시판 돌리면

시베리아한파는 진동 느낀 평창 땅에
하얀 눈 담요 솜 깔고 고드름어름으로
비상문 열어 코 빨개지도록
눈 저장 시범사업을 진행한다

푸른 하늘 지우는 눈이 내려쌓인다
평창 산위에, 집 장독대 위에
긴 겨울밤시간이 분청사기 들고 온다

어머니와 고향생각

삼층집옥상 콘크리트바닥
어머니유품 나무뼈대침대 놓고
고향 대나무돗자리 깔았다

버린 것, 주워온 것, 준 것, 위에
오늘밤 나의 피곤한 몸을 뉘었다

바람이 와서 간간히 부채질했다
군데군데 별 수놓은 흰 뭉게구름
청자 빛 하늘자수 요를 덮어준다

초승달 조명등 세운 산등성자락
별똥별 타고 어머니오시는 횃불 빛
붉은 꼬리 길게 오시다 사라지 신다

어머니의 김치 속 감자떡

강원도에서 태어나신 나의 어머니
벌레먹고 깨지고 작고 못생긴 잔챙이감자
버리지 않고 질항아리 모아 썩혔다

감자특유의 아리고 떫은 색깔 빛 씻었다
담갔다 씻고 담갔다 씻는 인간복종물갈음
목욕시킨 순한 흰가루 햇볕에 말렸다

동지섣달 긴 추위 출출하고 허기지는 밤
어머니 손마디자국 빚은 김치 속 감자떡
무쇠밥솥 김 눈물 뜨겁게 흘리며 쪘다

앗 뜨거, 아 뜨거, 입김 호호 불었다
밥상머리 둘러앉은 온 가족
어머니 사랑이야기가 지껄지껄 웃었다

흙, 돌맹이, 천둥, 바람 냄새가 났다
겨울추위 어머니마음 시린 재능이 녹아
행복웃음폭발에 비아냥거림이 도망쳤다

한랭 공작소

차가움의 두려움
쇠락을 막기 위한
계절이 준비하는 자세였다

겉으로 솟던 푸른 물 땀 샘터
문 닫힌 체온 문~주방
살얼음이 문고리 미끌미끌 서려
밤 울리는 한지문풍지 울음소리

푸른 소나무 흔들리며 우는 소리
내 자리를 뺏길 수도 있다
눈동자 굴리는 큰눈 부엉이소리

밖 바람이 드릴질했다
몸 살갗을 뚫고 있다
북쪽에서 남쪽 자리한 한랭공작소
끌질, 톱질, 망치질, 못질 소리

큰 눈雪을 만들까
강한 추위를 만들까
회오리바람의 회초리 깎는 소리
칼바람 날을 시퍼렇게 갈고 있다

단종 소나무솔방울의 소망

바위와 바위사이 틈
한그루 소나무씨앗 뿌리내렸다

눈사태와 물벼락사태
다 막았으니 근심걱정 없다

오랜 시일 깊은 뿌리
내리고 내리어 뻗어

궁궐주추기둥 바로세우고
가옥주추기둥 바로세우고

청기와지붕 빛나게 푸르게
울울~창창 숲 이루어보리

낙엽계절

빛이 나간다.

뜨겁고 열정적이던
파릇한 청년
어려운 생명일도 가능케 했다

이웃 간에 우애도 넓혀서
시원시원한 그늘도 만들었다
비바람 칠 때는 우산도 공여했다

파릇한 마을 청년들
힘 모아 하나 되는 협동정신
꼭대기 오르는 줄기 탑 쌓았다

세상이 다 내려다 보였다
땅위 무엇이 무얼 어떻게 하는지
이파리 방에서 다 내려다 봤다
백색 하얀 빛이 어긋나게 비쳐
햇빛교역이 그늘 들었다
꼭지점 영양공급이 원활금지
짐 꾸린 파릇한 청년들
누런색 대문을 나서는 가을계절

>

휑하니 허공 문 열어놓고
빛이 나간다.

빨간색햇빛과 새벽안개

새빨간 거짓말 같다고
새벽아침 찾아와
마음 흔들며 조롱하는 샛바람

빨간색생각이 입 웃음 짓다
빨간색입술 빨간색브라 탑
빨간색치마 걷어 올리는 퍼포먼스에
태양햇빛 빨갛게 뜨거워졌다
옷 벗어 살갖 드러내고
속마음 활짝 벗어 벗어놓고

님의 사랑시선 모두 쓸어 담아
햇볕마사지하는 열정-정열
아름다움, 사랑의 비밀, 불타는 사랑

사랑에 번민하는 내 마음
님의 사랑 가린 안개 덮은 새벽
님을 그냥 보내기 싫다
오늘만큼은 그냥 보낼 수 없다
내 마음고독 속을 채색했다
더욱 섹시한 빨강색 불타는 사랑을

빛과 어둠

남녀 유별한데 앙큼한 수작
보자기 뒤집어 씌우는 격변激變

서로를 감싸 안은
양지의 여유로운 기류

긴장된 눈동자 응달 속
어둠그늘 눈물수심 가득 차

손과 발 녹여주오
입맞춤 해주오

푸른색의 재킷 입을 게요
감각적인 옷주름 연출할 게요
실용성과 맵시를 더할 게요

어둠그늘 데워
음모 속 나 보이게 해주오

단풍 태우는 가을

물안개 덮어 자욱한 저 구름연기
소양강 물에서 담배피우는 이
누구일까

아침햇볕에 불이 훨훨 붙었다
탐방객 놀라 북새통 이루었다
월산, 불산, 색산

나의 턱없이 부족한 웃음색도 타
기와도 타고 갈대지붕도 타는
고풍스런 전통한옥가옥

국화꽃 타는 향냄새에 취했다
전어회 맛보는 먹거리장터
한산시장에 구경꾼이 몰렸다

생존이 위협받는 계절사회에서
보란 듯이 운명을 하늘에 맞기니
파란하늘 덮은 풍광 저녁노을빛깔
귀 모퉁이 부족한 청색도 태운다

초승달

밤새껏
어둠하늘 뚫어
눈썹구멍 내어놓고

뒤넘어 저쪽
낮 세상
새벽 트며 솟는 햇빛

어둠 이쪽
언제나 볼까
기다리다

잠 졸린 듯
뉘운
나의 마음 그리움

산이 나를 불러

마음 답답한 괴로움 있어 뒷산 찾았네
늘상 내 가는 곳
여러 풀 나무 손 흔들며 마중박수치고
산 냄새나는 녹차 향 권하네

보이는 콘크리트아파트 가려주며
키 큰 나무, 키 작은 나무
줄줄이 경비 세워 현악기 타악기
연주하는 날새, 매미, 꿩, 청설모 소리

칡순, 싸리순, 떡갈잎, 햇살비빈
색다른 신선 맛 볶음
산채나물, 목초나물, 취나물, 더덕도라지
신선한 공기 맛내어 한상 먹으라네

마음 서러움 가라앉혀요
인간의 삶 다 그렇다며
하늘과 햇빛 가리고 아파트 가려
흙 돌 침대 풀잎 침실에서

용꿈 돼지꿈 다 꾸라네
편안한 한잠 푹 잠들라 하네

내 사랑

당신의 마음
티 없는 순수 골라
한 덩어리 떼어내고
나의 마음
거짓 없는 빨간색 정열 찾아
큰 덩어리 부수어서

아름다운 무늬절구에
당신이랑 나랑
곱다라니 쿵더쿵 가루 내어
은하수동동 띄운 물에
휘영청 밝은 달빛 섞어
둘이 마시고 싶다

세월 살며 입은 몇 가지 옷
모두 벗어버리고
맨살의 본 인간되어
삶이 슬플 때 한 잔
삶이 즐거울 때 한 잔
목숨 다할 때까지 마시리라

님

이름 뒤에
담장 뒤에
장독대 뒤에
님은 숨어 있습니다.

자유롭고 분방로워
일월성신
심중이 따습습니다.

눈앞에
마음에
기억에
님이 내 앞에 있습니다.

이 사람 저 사람
서로 어울리시니
해충에 쏘일까도 걱정입니다.

구더기

나의 부모는 몸속에다
젓갈냄새 찾는 탐지기를 부착시켰다
죽음 길 찾을 때마다 꿈틀꿈틀 움직였다
임종 지키는 영혼의 에너지 뺏는 법을
어머니가 빨던 빨판의 더듬이 촉감을
어머니 날개 떨던 뱃속 전율을 상상했다
마지막 진실을 말하고 싶어 하는 사체
고인이 몸에 남기는 피부유언 살피고
찢어진 상처를 파 영혼과 넋두리도 했다
한 입 한 입 씹는 맛의 강도로
죽음의 진실젓갈을 음미하는 버릇은
탐지기바늘의 움직임강도를 주시했다
햇살이 육수 끓이는 김 따라
고기 먹을 때 어머니의 영적교감을 했다
삐~익 삐~익 영혼이 완전히 빈 경고음 들릴 때
몸마디는 멈추고 두터운 철갑옷을 입었다
문을 단단히 잠그고 화석이 되어
세밑까지 참 고통의 방속에서
아버지와 어머니의 쉬파리 꿈을 꿀 것이다

붉은 구름, 검은 연기

남쪽 8차선도로 보다가
붉게 충혈된 눈동자
검은 눈동자가 한쪽으로 쏠렸다

남풍바람에 허공 날아오른
삐라 한 조각
노동당제1부부장 가슴에 붙어
심장이 아프다
젖가슴도 아프다
젖꼭지 모유가 꽉 막힌다

개인의 자유를 내버려 두었다고
표현의 자유를 방치해 두었다고
혐오감에 사리분별 못하는
왕 공주 김여정의 붉은 언어행동
말마디마디 철면피 씌워져
남북공동연락사무소 대화상자
조용한 가운데 갑자기 폭발
통일 덮은 붉은 구름, 검은 연기

매캐하게 묻어나는 궤변진액분진
뻔뻔하게 묻어나는 혈액진액분진

오늘의 언言상도

집도 주식도 엇박자
요즘 정책 못 믿겠다
속내를 드러낸 것
국민의 수용성이어야
대통령 따로, 부처 따로
청와대만 생색선심

밖에는 껍데기 뒤집어쓰고 있는
너 안에 정체는 누구…?

단풍

얼굴 점점 붉게 물들이는
입술웃음 웃어도
눈웃음 쳐도

곤궁한, 비루한 삶
아플 때도, 괴로울 때도

"엄청 불안하다"
참 잔인한 시간

주름 힘 있게 잡아주는 운동
최강의 애정 웃음운동
더 강력한 활짝 폄 운동

임의 판결 앞두고
"사랑이 불안하죠"

어찌할까 몰라

가을이 간다
가랑잎 밟는 소리

우수수 지껄이는 말들
귀 들리지 않아
하늘 땅 차갑게 흩어지는
대꾸 않는 임의 말

한 잎 남은 눈물 나는 말
동여맬 말뚝이 없다
흙으로 묻을까

들녘에 쏟아놓고 간다
호박넝쿨 고개 숙인 가을
하얗게 변한 무서리 저린 말

해설

자연과 인간, 사랑의 교감을 위하여

권　온 문학평론가

자연과 인간, 사랑의 교감을 위하여

권 온 문학평론가

1.

아인슈타인Albert Einstein은 “자연을 깊게 들여다본다면 당신은 모든 것을 더 잘 이해할 것이다.(Look deep into nature, and then you will understand everything better.)”라고 이야기한 바 있다. 지금, 여기에서 소개할 시인 정도경은 누구보다도 자연을 깊게 들여다보는 인물이다. 그의 안내를 따라서 시나브로 이동하다 보면 우리는 어느새 주위의 모든 것을 더 잘 이해할 수 있을지도 모른다. 정도경의 이번 시집은 숨길 수 없는 자연의 보고寶庫이다. 이 글은 특히 「봄볕과 홍매화」, 「봄 1」, 「봄볕 분양복덕방」, 「양지봄볕」, 「봄 부엌」, 「들국화 2」, 「선산先山 솔바람소리」, 「어머니의 김치 속 감자떡」, 「산이 나를 불러」 등 9편의 시에 집중할 테다.

2.

겨울 내내

봄볕은
홍매꽃눈 집 원룸에서 지냈다
생활력 강하고
따스하고 온화한 성격
홍매네 데릴사위가 되었다

꽃눈 방에서 신혼살림 차렸다
날마다 밤마다 빨간 하트놀이 했다
눈웃음, 붉은 웃음 치다 서로는
색깔과 향기 어른스럽게 익숙해졌다

살결은 햇볕기름윤기 흐르고
배불러 오른 탱탱한 꽃망울임신
봄바람에 발버둥 치는 아이진통
대문열고 세상 밖으로 나왔다

꽃잎 팔다리 활짝-활짝 폈다
유전적부부의 금슬 좋은 관계
봄볕과 홍매화 긍정적 함박웃음
사람 벌 나비 초대 잔치대성황이다

—「봄볕과 홍매화」 전문

정도경의 시를 읽는 일은 여러 겹의 층으로 이루어진 페이스트리pastry를 맛있게 음미하는 일과 다르지 않다. 작품의 제목에도 드러나듯이 이 시는 "봄볕"이나 "홍매화" 같은 자연물自然物에 주목한다. 흥미롭게도 시인의 관심 영역은 자연에 국한되지 않는다. “원룸”, “데릴사위”, “신혼살림”, “임신”, “진통”, “잔치” 등 이 시 곳곳에는 인간의 삶과 긴밀하게 연결된 표현들이 그득하다. 정도경이 언어로 만드는 페이스트리는 ‘자연’의 층도 있고 ‘인간’의 층도 있다. 그의 시를 읽는다는 것은 다양한 맛을 담은 빵을 맛볼 수 있는 드문 기회이다.

법정구속에서 풀렸다
유예기간이 만료되었다
얼굴빛 화사해졌다

자동차 면허정지 해체된 봄
재산 압류딱지 떼어진 봄
“나는 너에게, 너는 나에게”
개인 자유의사 소통이 원활해졌다

낮에는 황금빛 빛났다
밤에는 네온등불 찬란하다
네가 붉게 돌고, 내가 노랗게 돌아가는
카페로 드나드는 삶들
술병 속 깊숙이 잠기는 웃음소리들

울긋불긋한 세상 길거리 취해서
휘청휘청 대며 돌아가는 봄
노점에서 소망을 판다는 봄
서점에서 희망을 산다는 봄

—「봄 1」 전문

시인은 '봄'을 바라보는 중이다. 그가 바라보는 '봄'은 단순한 '봄'이 아니라는 점에서 매력적이다. 정도경이 주목하는 '봄'은 하나의 '계절'인 동시에 이를 넘어선다. "법정구속", "유예기간", "만료", "자동차 면허정지", "해제", "재산 압류딱지", "네온등불", "카페" 등의 어휘를 감안할 때, 이 시는 '삶'을 포괄적으로 다루고 있음을 알 수 있다. 독자들은 작품에 담긴 어휘를 살피면서 삶의 속성을 확인하게 된다. 곧 삶에는 즐겁고 기분 좋은 일만 있는 게 아니라 슬프거나 힘든 일도 내재되어 있음을 알게 된다. 정도경이 여기에서 관찰하는 '봄'은 '계절'인 동시에 '삶'을 이루면서 복합성의 시학을 구성한다는 점에서 돋보인다.

백색구름 먹구름 회색구름 자리한
바람이 술술 자유롭게 번지는
추위에 얼고 따듯한 온도에 잘 녹는
시베리아로 떠난 드넓은 빈 겨울 터

진입장벽 낮아서 제한 이점 좋은
자격규정 없이 누구나 구입 가능하고
뿌리청약종합저축통장 있으면
고화질색깔 소망 고를 수 있다

신청통장 가지고 높이와 넓이
전망 좋죠, 흔들림 운동하기 좋죠,

별들 날 충족시키는 조망권 탁 트인
희망바람 필요한 동남향 입지도 있고

가로수신록고속도로 유통편리한가
모든 이들 출퇴근 자유지역인가
진선미 미적관광 인프라도 좋은가

조각구름 모인 미분양 낮은 층
물안개 피어오르는
소액투자하고 임대료 받을 수 있는
수익형 꽃필지는 요즘 인기상한가죠

—「봄별 분양복덕방」 전문

이 시를 구성하는 하나의 계열은 '자연물'이다. '봄별', '백색구름', '먹구름', '회색구름', '바람', '조각구름', '물안개' 등의 어휘는 자연물 계열을 구성한다. 이 시를 구성하는 다른 하나의 계열은 인간의 삶 특히 '주거住居'와 관련된다. '분양복덕방', '진입장벽', '자격규정', '청약종합저축통장', '조망권', '동남향 입지', '미분양 낮은 층', '소액투자', '임대료', '수익형' 등의 표현은 아파트나 상가 또는 오피스텔 같은 주거의 공간과 밀접하게 연결된다. 독자로서는 이 시의 핵심을 작품의 제목에서 찾을 수 있을지도 모르겠다. '봄별 분양복덕방'은 '봄별'이라는 대상을 취급하는 '복덕방' 또는 '부동산'이기 때문이다. 봄별을 소개하고 파는 복덕방은 일반적인 부동산이 아니다. 어쩌면 시인은 인간의 주거에서 자연물이 없어서는 안 될 대상임을 간파했을 수 있다.

사람들이 자연친화적 주거 공간을 찾는 것은 단순한 우연이 아니다.

돌담울타리 토담집
어린 시절 나는
작은 골방에서 지냈다

자갈돌 깔린 신작로길
책보자기에 싼 양은도시락
어깨 메고 뛰고 걸었다

양은도시락 빈속 숟가락
달그락 달그락대는 재촉에
배 허기진 한숨도 울었다

양은냄비 묵은 김치수제비
뚝배기 된장도 끓여
보리밥 비빈 눈물한숨도 먹었다

편입학 대학시험에 1차로 합격
햇볕소통교육도 원활해져
관계망서비스 국가공무원근무
뜨거운 앞날의 햇살급여 받는다

—「양지봄볕」 전문

시적 화자 '나'와 시인 사이의 거리가 가까운 시이다. '나'

는 '어린 시절'을 회상한다. '돌담울타리', '토담집', '작은 골방', '책보자기', '양은도시락', '양은냄비', '김치수제비', '뚝배기 된장', '보리밥' 등 '나'의 유년幼年을 대표하는 어휘는 따스하고 정겨운 분위기를 형성한다. 5연에서 "햇볕소통교육"이나 "햇살급여"는 정도경 시의 개성을 돌올하게 드러낸다. 시인은 여기에서 '자연'과 '인간'이 조화를 이루는 삶을 지향한다. 나날의 삶에서 새로운 신비를 발견할 수 있었던 어린 시절의 '나'와 자연과 인간의 조화로운 '삶'은 절묘하게 어울린다.

부엌 창 열고
햇빛택배를 받았다
붉은 눈이 싱싱한 아침빛

후라이팬에 넣고 튀긴다
지글~지글
진한 홍색 익는 햇살가루들

냉각얼음 농축시킨 커피
열량 풍부한 라떼 햇빛
마음갈증 푸는 햇살덩어리

신선공기로 닦은 청자 컵에 넣고
고루고루 저어 마셨다
아내얼굴에 홍매화가 활짝 폈다

—「봄 부엌」 전문

이쯤 되면 독자들은 정도경을 ‘봄의 시인’으로 불러도 좋을 테다. 시인은 이번 시에서 ‘햇빛’, ‘햇살’, ‘공기’, ‘홍매화’ 등의 자연물을 배치함으로써 ‘봄’의 분위기를 한껏 끌어올린다. 동시에 그는 ‘후라이팬’, ‘냉각얼음’, ‘커피’, ‘라떼’, ‘청자 컵’ 등 일련의 어휘를 제공한다. 상이한 속성의 두 가지 계열을 내세움으로써 이 시는 독자들에게 풍성하고 진한 여운을 남길 수 있다. ‘봄 부엌’이나 ‘햇빛택배’ 등의 표현은 정도경 시의 매력을 발산한다. 시인은 ‘봄’이나 ‘햇빛’ 같은 ‘자연’ 계열과 ‘부엌’이나 ‘택배’ 같은 ‘인간’ 계열을 모두 아우른다. 이제는 정도경 시의 트레이드마크trademark가 되어버린 복합성의 미학이 바로 이 지점에서 탄생한다.

얼굴 붉어져 부르는 소리
얼굴 노래져 부르는 소리
얼굴 하얘져 부르는 소리

임 모습 저기 보이기에
몸 굽혀 흔들었다
마주친 눈길도 피하기에
꽃잎치마 활짝 펼쳐본다
그냥 지나치기에
짙은 향기도 풍겨본다

공간이 훤히 뚫려만 갔다
사이가 멀어져만 갔다
꽃잎 낙엽 떨어지는 날

혼자 밤새움 기다리다
혼자 밤새워 흐느껴 울다
새벽하늘 된서리 매
주눅녹초 되도록 맞았다
—「들국화 2」 전문

시는 언어이자 소리이고 노래이며 음악이다. 이 시의 1연을 조곤조곤 읽는 독자들은 소리를, 노래를, 음악을 만나게 될 게다. 그곳에서 우리는 "얼굴 ~져 부르는 소리"라는 동일한 패턴을 마주하고 반복을, 리듬감을, 음악성을 목격한다. 시인의 모험은 2연에서도 지속된다. 1행과 3행과 5행에서 "~기에"가 반복되고 4행과 6행에서 "~본다"가 되풀이된다. 반복이나 되풀이는 '임'을 향한 정도경의 관심이자 사랑이다. 3연 1행과 2행은 "~만 갔다"라는 공통점을 보여주고 4행과 5행은 "혼자 밤새~"라는 동일함을 제시한다. 그의 시에서 번져오는 소리가, 노래가, 음악이 오랫동안 지속될 것을 믿는다.

부모 품에 와 잠들라 하시는
속 기억 목소리
따끔~따끔 일깨우는 솔바람소리

하늘 닿게 두 손 뻗어 합장배례면
부모 웃는 관심에 내가 들어있어
허락 없이는 나의 행복 빼서가지 못해
멀리 흩어가는 원도 한도 불러 잡았다

문빗장 항상 열어 두옵고
햇빛도 잘 통하게 하옵고
바람을 시원히 통해드리옵고

남보란 듯 악착같이 살라하신 어록
혼자서도 나를 지킬 수 있는
세상에 제일 귀한 생전 나의 모습~대로

어두운 밤 외로운 근심 깨끗이 치우고
부모 편안한 잠 베개 고여 드려
가족혈통 잘 통하게 영원永遠 묻으리

—「선산先山 솔바람소리」 전문

'선산先山'은 돌아간 부모父母를 비롯한 조상祖上의 무덤 또는 조상의 무덤이 있는 산을 가리킨다. 이 시는 시적 화자 '나'가 선산에 다녀온 체험에서 출발한다. 선산 주위에 자리한 소나무 사이로 바람이 분다. '나'는 솔바람 소리를 부모의 음성으로 해석한다. '나'가 부모를 생각하며 "하늘 닿게 두 손 뻗어 합장배례"하면 웃고 있는 그네들을 만나고 그네들의 품에서 잠들 수 있다. '나'가 3연에서처럼 '문빗장'을 열어 두는 이유는 무엇인가? 그것은 아마도 '나'가 '햇빛'이나 '바람'과의 소통은 물론이고 돌아간 '부모'와의 교감을 원하기 때문일 테다. 4연 1행의 "남보란 듯 악착같이 살라하신 어록"에는 부모가 '나'에게 줄 수 있는 최대치의 애정이 담겨있을 게다. 5연에서 드러나듯이 자녀로서의 '나'는 부모의 격려에 "외로운 근심"을 지우고 부모가 "편안한 잠"을 잘 수 있도록 "베개"를 "고여"드린다. 생자生者와 사자死者가 '가족'이라는 하나의 이름으로 모여서 영원한 사랑을 노래하는 훈훈한 시가 여기에 있다.

강원도에서 태어나신 나의 어머니
벌레 먹고 깨지고 작고 못생긴 잔챙이감자
버리지 않고 질항아리 모아 썩혔다

감자 특유의 아리고 떫은 색깔 빛 씻었다
담갔다 씻고 담갔다 씻는 인간복종물갈음
목욕시킨 순한 흰 가루 햇볕에 말렸다

동지섣달 긴 추위 출출하고 허기지는 밤
어머니 손마디 자국 빚은 김치 속 감자떡
무쇠밥솥 김 눈물 뜨겁게 흘리며 쪘다

앗 뜨거, 아 뜨거, 입김 호호 불었다
밥상머리 둘러앉은 온 가족
어머니 사랑 이야기가 지껄지껄 웃었다

흙, 돌멩이, 천둥, 바람 냄새가 났다
겨울추위 어머니 마음 시린 재능이 녹아
행복웃음폭발에 비아냥거림이 도망쳤다
—「어머니의 김치 속 감자떡」 전문

시적 화자 ‘나’는 흐린 기억 속의 ‘어머니’를 소환한다. ‘나’는 어렸고 ‘어머니’는 젊었던 시절, “강원도에서 태어나신” 그녀는 “작고 못생긴 잔챙이감자”를 “버리지 않고 질항아리”에 “모아 썩혔다” 검소한 성품의 어머니가 오롯이 떠오른다. 그녀는 “무쇠밥솥 김” 앞에서 “눈물 뜨겁게 흘리며”, “감자떡”을 “쪘다” 어머니가 준비한 “김치 속 감자떡”은 “동지섣달 긴 추위 출출하고 허기지는 밤”을 견딜 수 있는 원동력이었을 테다. 어른이 된 ‘나’는 김치 속 감자떡을 먹으며 “밥상머리”에 “둘러앉은 온 가족”이 그립다. ‘어머니’의 ‘사랑’은 “흙, 돌멩이, 천둥, 바람 냄새가” 나는 소박한 성격을 지녔으나 그 덕분에 ‘나’는 또 ‘가족’은 “겨울추위”를 녹일 수 있었으리라. 또 웃을 수 있었고 행복할 수 있었을 게다. 우리 모두의 어머니가 그리운 순간이다.

마음 답답한 괴로움 있어 뒷산 찾았네
늘상 내 가는 곳
여러 풀 나무 손 흔들며 마중박수치고
산 냄새나는 녹차 향 권하네

보이는 콘크리트아파트 가려주며
키 큰 나무, 키 작은 나무
줄줄이 경비 세워 현악기 타악기
연주하는 날새, 매미, 꿩, 청설모 소리

칡순, 싸리순, 떡갈잎, 햇살 비빈
색다른 신선 맛 볶음

산채나물, 목초나물, 취나물 더덕도라지
신선한 공기 맛내어 한상 먹으라네

마음 서러움 가라앉혀요
인간의 삶 다 그렇다며
하늘과 햇빛 가리고 아파트 가려
흙 돌 침대 풀잎 침실에서

용꿈 돼지꿈 다 꾸라네
편안한 한잠 푹 잠들라 하네
—「산이 나를 불러」 전문

'뒷산'은 시적 화자 '나'가 "마음 답답한 괴로움 있"을 때 "늘상", "가는 곳"이다. 그곳에는 "키 큰 나무, 키 작은 나무", "여러 풀"이 있다. 거기에는 "날새, 매미, 꿩, 청설모 소리"의 "현악기 타악기/ 연주"가 있다. "칡순, 싸리순, 떡갈잎"이 있고 "산채나물, 목초나물, 취나물 더덕도라지"도 있다. '뒷산'에는 나무와 풀을 비롯한 온갖 생물이 그득하다. '뒷산'은 '콘크리트아파트'와 대조적인 속성을 갖는다. '콘크리트아파트'와 결속된 일상을 영위하는 '나'는 힘들거나 지칠 때가 많다. 스트레스 가득한 '나'의 삶에 '뒷산'은 신선한 활력을 제공한다. 뒷산에 오르면 '나'는 "마음 서러움 가라앉"힐 수 있고, 뒷산을 찾으면 '나'는 "인간의 삶"을 이해할 수 있다. "흙 돌 침대 풀잎 침실"이 위치한 뒷산에서 '나'는 "용꿈 돼지꿈"을 꾸며 "편안한 한잠 푹 잠들"수 있을 게다. 박목월의 「산이 날 에워싸고」를 연상시키기도 하는 정도경의 「산이 나를 불러」는 피로사회를 살아가는 현대인들에게 잔잔하면서도 울림이 큰 자연의 메시지를 전달한다.

3.

정도경의 시집을 살피었다. 시인이 이번 시집에서 중점적으로 내세우는 시 세계는 '자연'과 긴밀한 관련성을 맺고 있다. 그는 '인간'과 '자연'이 공존할 수 있는 삶을 이상적인 삶으로 규정하였다. 정도경은 '봄의 시인'으로 불러도 좋을 만큼 '봄'을 다룬 다수의 시편을 제시하였다. 시인은 '봄'과 '산'과 '나무' 등으로 연결되는 '자연'의 가치를 적극적으로 환기함으로써 독자들이 나아가야 할 바람직한 삶의 지향점을 알려주었다. 그에 따르면 콘크리트아파트에서 거주하는 현대인에게 자연과의 교감은 더 이상 선택이 아닌 필수이다.

고흐Vincent van Gogh에 의하면 "당신이 진심으로 자연을 사랑한다면 모든 곳에서 아름다움을 발견할 것이다.(If you truly love nature, you will find beauty every-where.)" 정도경은 시인이기에 앞서 자연을 진심으로 사랑하는 사람일 테다. 그가 「어머니의 김치 속 감자떡」에서 '사랑'의 표상表象으로서의 어머니를 발견할 수 있었던 이유 역시 진정성을 담은 마음으로 자연을 대하는 스스로의 태도와 무관하지 않을 게다. 정도경이 「선산先山 솔바람소리」에서 돌아간 '부모'와 살아있는 '자녀'를 포괄하는 '가족'을 정립할 수 있었던 원인도 자연에 위치한다. 자연을 사랑하는 마음으로 가족을 생각하는 시인의 모습은 아름답다. 그의 시가 앞으로 펼칠 낯선 미美의 세계를 기대하는 우리들의 마음은 벌써부터 설렌다.

— 명예문학박사 학위 —

World Academy of Arts and Culture
행촌문화
Natural Modernism
& peace through poetry world congress of poets
Diploma
HANGCHON CULTURE
Natural Modernism & Peace Through Poetry
World Congress of Poets
세계행촌문화예술아카데미

SECRETARY OF STATE

I, *BILL JONES*, Secretary of State of the State of California, hereby certify:

That the attached transcript of page(s) has been compared with the record on file in this office, of which it purports to be a copy, and that it is full, true and correct.

IN WITNESS WHEREOF, I execute this certificate and affix the Great Seal of the State of California this day of

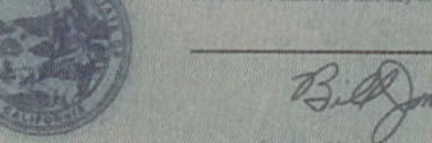

Secretary of State

State of California
March Fong Eu
Secretary of State

REGISTRATION OF UNINCORPORATED NONPROFIT ASSOCIATION
PURSUANT TO CALIFORNIA CORPORATIONS CODE SECTION 21300

REG. NO. 9646

FILED
APR 15 1991
March Fong Eu

(Office Use Only)

WORLD CONGRESS OF POETS (governed by World Academy of Arts and Culture)

3146 Buckeye Court | Placerville CA | 95667

Laureate and Lyre encircled by the globe, never altered.

established in 1973; motto "World Brotherhood and Peace Through Poe

established in 1973.(Academy formed to carry on World Congress of P

see attached stationery with insignia and motto)

Rosemary C. Wilkinson, Sec.Gen.

第 2007-129 호

Certificate of Incorporation

1. Name of corporation : World Hangchon Academy Art & Culture Foundation
2. Location : 837-4 Hwagok-dong, Gangseo-gu, Seoul
3. Name of the representative : Baek Han-Yi
4. The representative's address : 837-4 Hwagok-dong, Gangseo-gu, Seoul
5. The representative's resident registration number : 400204-1******
6. Conditions of the permit : See reverse

We hereby grant the permit to establish the above-said corporation under the Civil Law, Article 32, the Regulation Pertaining to Entrustment of Administrative Rights, Article 28, Paragraph 2, Subparagraph 9, and the Rules Pertaining to Establishment and Supervision of Non-Profit Corporations controlled by the Ministry of Culture, Sports and Tourism and the Cultural Heritage Administration, Article 4.

Date: March 19, 2007

The Mayor of Seoul

THE CERTIFICATE OF ALL MATTERS REQUIRED TO BE REGISTERED (hWAAC)

(The Present States of Things)

Permission No. - 2007-129

Registered No. - 000512

Recorded No. - 254222-005129

Legal Name - Juridical Foundation of hWorld Academy of Arts and Culture

Main Office - 837-4 Hwagok Dong Gangseo-Gu Seoul, Korea

Object of the Foundation

hWAAC, as a pure private organization, aims at the contribution to realize the project of seeking world peace by enjoying the sublimated culture achieved harmony among nature, lives, mankind and civilization through literary emotion.

hWAAC performs the following items to accomplish it(the above) purposes.

1. We enforce cultural exchange among literary men, women and artists of the world. We engage in education to promote the literary and artistic mind of mankind of the world. We publish books and exhibit works(operation gallery, exchange and circulation works). We publish "The Moon Light of Corea", an international literary and arts magazine. We enforce and support the chief object and managing the World Congress of poets and artists.

2. [illegible]

3. [illegible]

4. We preserve, succeed and develop our undertakings for hWAACF, and put in force the service of encouragement hereafter.

* No one has the power of representation except the Chairman, Baek Han-Yi who lives in 837-4 Hwagok Dong Gangseo-Gu Seoul, Korea.

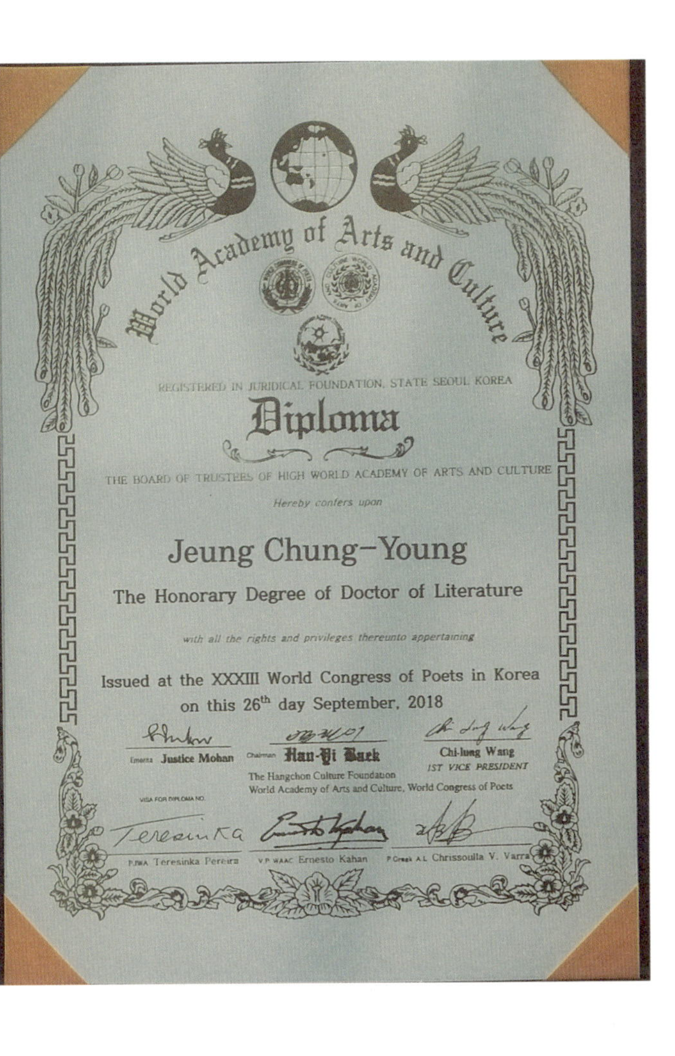
World Academy of Arts and Culture
REGISTERED IN JURIDICAL FOUNDATION, STATE SEOUL KOREA
Diploma
THE BOARD OF TRUSTEES OF HIGH WORLD ACADEMY OF ARTS AND CULTURE
Hereby confers upon
Jeung Chung-Young
The Honorary Degree of Doctor of Literature
with all the rights and privileges thereunto appertaining
Issued at the XXXIII World Congress of Poets in Korea
on this 26th day September, 2018
Emerita Justice Mohan
Chairman Han-Yi Baek
The Hangchon Culture Foundation
World Academy of Arts and Culture, World Congress of Poets
Chi-lung Wang
1ST VICE PRESIDENT
VISA FOR DIPLOMA NO.
P.IWA Teresinka Pereira
V.P WAAC Ernesto Kahan
P.Greek A.L Chrissoulla V. Varra

정도경

정도경(본명 정충영)은 강원도 홍천에서 태어났고, 2001년 월간『문학세계』로 등단했다. 시집으로『물닭』,『이슬방울』,『바람골의 시』,『자연에 뱉어버린 시』,『춘풍매화』가 있으며 공저로 제1집『금강소나무』(2013년), 제2집『금강소나무』(2014년), 제3집『금강소나무』(2015년), 제4집『금강소나무』(2016년) 등이 있다. 김유정 전국문예공모 시부문 최우수상, 막심고리끼문학상 최고상, 에이즈문학상 대상, 제12회 문학세계문학상 본상, 문학창작예술원 공로상 등을 수상한 바가 있다. 체신부국가공무원근무, 한국문인협회 위원, 문예춘추문인협회 3-4회 회장 역임(현 고문), 강원문인지회 이사, 한림대학교를 졸업했으며, 명예문학박사 학위를 받았다.
정도경 시인은 누구보다도 자연을 깊게 성찰하며 자연의 아름다움을 노래하는 시인이다. 그는「봄별과 홍매화」,「봄 1」,「봄별 분양복덕방」,「양지봄볕」,「봄 부엌」등과도 같이 '봄의 시인'이며, 그의 시집『신춘대길선비와 기생매화』는 가히 '자연의 보고寶庫'라고 할 수가 있으며, 그만큼 자연과 인간, 그리고 사랑의 교감을 아름답고 간절하게 노래하고 있다.

이메일 : chu43@hanmail.net

정도경 시집

신춘대길선비와 기생매화

발　행 2021년 1월 12일
지은이 정도경
펴낸이 반송림
편집디자인 김지호
펴낸곳 도서출판 지혜 • 계간시전문지 애지
기획위원 반경환 이형권
주　소 34624 대전광역시 동구 태전로 57, 2층 도서출판 지혜 (삼성동)
전　화 042-625-1140
팩　스 042-627-1140
전자우편 ejisarang@hanmail.net
애지카페 cafe.daum.net/ejiliterature

ISBN : 979-11-5728-427-6 03810
값 9,000원